BILDNACHWEISE

© Creative Market

Box, Karte 1, 2, 6, 12, 16, 22, 26, 32, 36, 42, 47, 49: Neti_Neti
Karte 3, 8, 13, 18, 23, 28, 33, 38, 43, 48: lana_elanor
Karte 4, 14, 24, 34, 44: Chikovnaya, Neti_Neti
Karte 5, 15, 25, 35, 45: KateMacate, Neti_Neti
Karte 7, 17, 27, 37, 47: varka

IMPRESSUM

moses. Verlag GmbH
Arnoldstraße 13d
47906 Kempen
Fon 02152-209850
Fax 02152-209860
Mail: info@moses-verlag.de
www.moses-verlag.de

ISBN 978-3-96455-239-6

Text: Ingrid Ickler
Design: Sandra Kretzmann
Satz: Dirk Hemke, SatzPro
Lektorat: Anna Hahn
Redaktion: Tanja Mues

Printed in China.

BEOBACHTE DICH BEI DER DANKBARKEIT

Sei ehrlich – wie viele deiner »Danke« am Tag sind Automatismen oder gewohnheitsmäßige Reaktionen? Wie fühlst du dich, wenn du dich bedankst? Fühlst du dich überhaupt? Bist du dir deiner Worte bewusst?

SPRICH ÜBER DANKBARKEIT!

Wenn du selbst erfahren hast, wie gut und wichtig Dankbarkeit ist, sprich mit anderen Menschen darüber. Wahrscheinlich wirst du sie mit deiner Begeisterung überzeugen, selbst mehr Dankbarkeit in ihr Leben zu bringen. Und auf diese Weise kannst du einen Beitrag leisten, unsere Gesellschaft ein Stück positiv zu verändern. Ist das nicht großartig?

UND WENN ALLES ANDERS WÄRE?

Ein Dach über dem Kopf, ausreichend zu essen, warme Kleidung im Winter – manchmal nehmen wir die Dinge selbstverständlich, weil sie schon immer so sind oder unser Leben in unserer westlichen Gesellschaft prägen. Sich der Werte bewusst zu werden, die all diese Annehmlichkeiten für uns haben, erfüllt uns mit einem tiefen Gefühl der Dankbarkeit, die uns glücklich macht.

DANKBARKEIT MACHT FAUL – VON WEGEN!

Man könnte meinen, Dankbarkeit sorgt dafür, dass wir nichts mehr in unserem Leben verändern oder voranbringen, weil wir ja mit allem zufrieden sind. Das Gegenteil ist der Fall! Durch die Aufmerksamkeit auf das Positive erleben wir uns als selbstwirksam, und das schenkt uns die Energie, Dinge zu verändern.

VORBILDER

Welchen Leuten in deinem Leben bist du dankbar, weil sie dich geprägt haben? Wie und wann? Es ist spannend, in der Rückschau nachzusehen, wer uns in welcher Lebensphase geprägt hat und uns zu dem Menschen gemacht hat, der wir heute sind. Wie wäre es, diesen Personen genau das zu sagen?

DANKE

AUGEN AUF!

Um dankbar zu sein, braucht es den Fokus auf das, was wir tun. Immer nur im Autopilot unterwegs zu sein, lässt uns wenig von dem wirklich wahrnehmen, was wir machen und was wir lassen. Gehen wir einen Schritt zurück und betrachten unser Handeln ganz bewusst, können wir überhaupt erst erkennen, wofür wir dankbar sein können – und wofür nicht.

DAS DANKBARKEITS-TAGEBUCH

Es ist gar nicht so schwer, ein dankbareres Leben zu führen. Kaufe dir ein schönes Notizbuch, und schreibe jeden Tag drei Dinge auf, für die du dankbar bist. Das kann etwas Großes, aber auch etwas ganz Kleines sein. Durch das regelmäßige Nachdenken über das Gute lernst du, es im Alltag schneller wahrzunehmen. Wichtig ist, einen längeren Zeitraum dranzubleiben.

WERDE KONKRET!

So wie es beim Loben für den Empfänger häufig schöner ist, wenn er für etwas Bestimmtes gelobt wird, so ist es auch besser, wenn man sich für etwas Konkretes bei ihm oder ihr bedankt. Damit gibst du deinem Gegenüber das Gefühl, ihn oder sie gesehen zu haben und keine Floskel zu benutzen.

DIE KLEINEN DINGE SCHÄTZEN LERNEN

Hand aufs Herz: Denkst du beim Begriff Dankbarkeit nicht auch eher groß? Aber vielleicht ist es allein die Tatsache, dass du noch einen Tisch im Restaurant ergattert hast, dein Haar besonders hübsch ist, der Busfahrer auf dich gewartet oder die Frau im Aufzug dich angelächelt hat, die in dir ein Gefühl der Dankbarkeit auslösen kann.

THANKFUL

»AND THE OSCAR GOES TO …«

Hast du schon mal eine wichtige Preisverleihung verfolgt? Meist gehen die PreisträgerInnen auf die Bühne, nehmen die Auszeichnung entgegen und – bedanken sich bei allen Unterstützern. Keiner schafft es allein, Höchstleistungen zu vollbringen, es gibt immer auch andere Menschen, die daran beteiligt sind. Bei wem möchtest du dich mit einer Ansprache bedanken?

DANKBARKEIT IM ALLTAG

Jemand hält dir die Tür auf, bringt dir einen Kaffee mit, macht dir ein Kompliment oder wartet mit dem Aufzug? Diese kleinen Gesten haben ein Dankeschön verdient, auch wenn wir sie als selbstverständlich oder reine Höflichkeit ansehen. Manchmal fällt es uns erst auf, wie hilfreich sie sind, wenn diese Aufmerksamkeiten im Alltag fehlen.

THANKFUL

SCHLIMMER GEHT IMMER

Wenn es dir schwerfällt, die Dinge zu benennen, für die du in deinem Leben dankbar sein kannst, versuche es doch mal umgekehrt. Nimm dir einen Stift und ein Blatt Papier, gib dir fünf Minuten Zeit und beantworte die Frage: »Was hätte in meinem Leben alles schiefgehen können?« Was macht das mit dir?

DANKBARKEIT SPIELERISCH

Dankbarkeit darf Spaß machen! Wie wäre es mit einer Dankbarkeits-Challenge? Nimm dir vor, dich an einem Tag bei zehn Menschen zu bedanken oder 20-mal »Danke« zu sagen oder 15-mal dezidiertes Dankbarkeits-Feedback zu geben, und beobachte den Effekt, der sich dabei bei dir einstellt. Oder ihr macht es zu zweit, und tauscht euch am Abend aus!

THANKFUL

DANKBARKEIT IN DER POSITIVEN PSYCHOLOGIE

In dieser Fachrichtung spielt die Dankbarkeit eine große Rolle. Dankbarkeit ist hier nicht nur ein Gefühl, sondern die tiefere Wertschätzung für jemanden oder etwas, die länger anhaltende Positivität erzeugt. Ist das nicht ein sehr guter Grund für mehr Dankbarkeit?

EIN DANKBARER BLICK ZURÜCK

Oft erkennen wir erst in der Rückschau, wofür wir dankbar sind. Manche Situationen, die sich beim Erleben gar nicht gut oder vielleicht sogar als Scheitern anfühlen, entpuppen sich im Nachhinein als Chance, für die man dankbar sein kann.

»EIGENTLICH MÜSSTE ICH JA …

… dankbar sein, auch für das, was ich aus Niederlagen lernen kann«, heißt es oft in Selbsthilferatgebern. Das mag sein, aber manchmal ist man einfach nur wütend, enttäuscht oder tieftraurig. Und das ist auch gut so. Eine künstliche Dankbarkeit hilft uns in diesen Momenten nicht weiter, sondern es ist wichtig, auch diese Gefühle ernst zu nehmen.

DANKBARKEIT MACHT BESCHEIDEN

Wenn wir uns bewusst machen, für was wir alles dankbar sein können, stellen wir womöglich fest, dass wir schon vieles von dem haben, was wir brauchen. Wir können uns zufrieden zurücklehnen und bescheidener werden – so viel brauchen wir gar nicht!

MANCHMAL BRAUCHT ES IMPULSE

Wie wäre es mit einer Dankbarkeitsliste? Nimm dir einen Stift und ein Blatt Papier und beginne mit dem Satz: »Es ist etwas Besonderes, dass …« Schreibe danach drei Minuten lang auf, was dir dazu in den Sinn kommt. So findest du viele gute Gründe, weshalb du dankbar sein kannst.

THANKFUL

DANKBARE MENSCHEN SIND GESÜNDER

Wissenschaftlichen Untersuchungen zufolge gibt es eine Verbindung zwischen Dankbarkeit und psychischer, aber auch physischer Gesundheit. Ersteres scheint logisch, da ein dankbarer Mensch weniger stressempfindlich ist. Aber eine gut entwickelte Dankbarkeit gegenüber dem Leben wirkt sich auch günstig auf die Gesundheit des Herzens aus und hilft sogar bei Schlafstörungen.

SCHREIBE AN DEIN FRÜHERES SELBST

Wenn du auf dein Leben zurückblickst, wofür bist du deinem früheren Ich mit 20/30/40 Jahren dankbar? Schreibe einen Brief an dein jüngeres Ich, in dem du dich für alles bedankst, was du für dich und deine Entwicklung getan hast. Wertschätze dich!

GEMEINSAM SIND WIR STARK

Das Leben birgt so viele Herausforderungen, und um ihnen zu begegnen, brauchen wir die Unterstützung, die Hilfe, die Inspiration, das Feedback und vieles mehr von anderen Menschen in unserer Umgebung. Das ist ganz natürlich und schmälert unsere Leistung und unseren Wert nicht. Aber wie schön, wenn wir uns dessen bewusst sind und uns dafür bei all diesen Menschen bedanken.

DANKBARKEIT IN DER PARTNERSCHAFT

Gerade in einer Freundschafts- oder Liebesbeziehung schleichen sich oft Selbstverständlichkeiten oder Gewohnheiten ein, was einerseits schön ist, aber andererseits ist es auch gut, dem anderen immer wieder zu sagen, wofür man ihm oder ihr dankbar ist – und es umgekehrt auch zu hören! Wie wäre es mit einem Dankbarkeitsabend, an dem ihr beide das aussprecht?

MACH ES PLASTISCH!

Bist du ein visueller Typ? Dann gestalte doch eine Collage mit allen Dingen, für die du dankbar bist, und hänge sie an einen Platz in deiner Wohnung, wo du sie immer gut im Blick hast. Wähle Urlaubs- oder Familienfotos, Schlagwörter, Konzertkarten ... Deiner Fantasie sind keine Grenzen gesetzt.

DANKBARKEIT ANNEHMEN – GAR NICHT SO EINFACH!

Was kannst du besser: anderen dankbar sein oder die Dankbarkeit anderer annehmen? Häufig fällt uns Ersteres leichter, den Dank anderer tun wir gerne mit Sätzen ab wie »Das ist doch selbstverständlich«. Aber geben wir doch auch unserem Gegenüber die Möglichkeit, seine Wertschätzung zu äußern und erlauben uns, unseren Wert zu spüren.

THANKFUL

DANKBAR FÜR DAS ERGEBNIS

Oft sind wir dankbar für ein erzieltes Ergebnis. Aber ist es nicht schon ein Grund, dankbar zu sein, wenn wir uns auf den Weg gemacht haben? Können wir nicht auch dankbar für den Prozess sein, für unseren Mut, uns der Herausforderung zu stellen? Nicht immer ist es das Ergebnis, das zählt.

DANKBARKEIT MACHT ATTRAKTIV …

Kennst du das auch? Du triffst einen Menschen, der eine unglaubliche Ausstrahlung auf dich hat, weil er so ausgeglichen und zufrieden wirkt? Unter Umständen ist dieser Mensch besonders dankbar, weil er das Gute in den Fokus nimmt. Das macht attraktiv, weil diese Menschen die Fülle sehen.

DANKBARKEIT IST KEINE EINBAHNSTRASSE

Du bist mir dankbar? Dann bedanke ich mich auch bei dir! Wenn du einem Gegenüber mit Dankbarkeit und Wertschätzung begegnest, erweckst du in ihm oder ihr das Bedürfnis, etwas zurückgeben zu wollen. Das ist ein Domino-Effekt, der unsere Beziehungen positiver werden lässt.

DEN BLICKWINKEL VERÄNDERN

Du willst eine Gewohnheit ablegen, ein Muster verändern und hast das Gefühl, dass du immer wieder scheiterst? Versuche es mit Motivation durch Dankbarkeit! Du kannst dankbar für jeden noch so kleinen Schritt sein, der dich näher zum Ziel führt. Und wenn es erst einmal nur die Erkenntnis ist.

DANKBARKEIT ERWARTEN

»Das habe ich nur für dich gemacht« ... und erwarte jetzt Dankbarkeit. Und wenn sie nicht kommt, dann werde ich sauer oder bin enttäuscht. Kennst du dieses Gefühl? Wahrscheinlich kennen wir es alle. Dankbarkeit von anderen lässt sich nicht erwarten, doch du kannst dir dankbar dafür sein, für jemanden etwas getan zu haben. Das fühlt sich ähnlich gut an. Probiere es aus!

ZU VIEL DANKBARKEIT?

Dankbarkeitstagebücher, Dankbarkeitskurse, ... das Wort begegnet uns auf Schritt und Tritt, man könnte meinen, es sei nur eine Modeerscheinung. Doch schmälert es die Bedeutung echter Dankbarkeit nicht. Diese Haltung ist so wertvoll, dass es sich lohnt, sich näher mit ihr zu beschäftigen, was man schon daran erkennt, dass sie seit mehr als 2000 Jahren aktuell ist, wenn wir uns zum Beispiel Philosophen der Antike oder die großen Weltreligionen ansehen.

ÜBERRASCHUNG!

Wir können auch für Zufälle dankbar sein! Durch eine Verspätung bekomme ich den Zug doch noch? Weil Plan A nicht geklappt hat, greife ich zu B und erlebe so etwas Unverhofftes? Manchmal begegnet uns die Dankbarkeit in den überraschenden Wendungen des Lebens.

DANKE

DANKBARKEIT FÜR DIE HOSENTASCHE

Stecke dir morgens ein paar getrocknete Erbsen, Nüsse oder Büroklammern in die rechte Tasche. Jedes Mal, wenn dir etwas passiert, wofür du dankbar bist, stecke einen Gegenstand in die linke. Und stelle abends erstaunt fest, was dir alles Gutes widerfahren ist!

ABENDRITUAL

Wenn dir schreiben nicht liegt, dann kannst du mit ganz wenig Aufwand eine Art »Dankbarkeitstagebuch im Kopf« anlegen. Stell dir beim abendlichen Zähneputzen oder unter der Dusche die Frage: »Was hat mir heute ein Lächeln entlockt?« Und schon hast du den Fokus auf die Dankbarkeit gelenkt!

DANKSAGUNGEN

Liest du die Danksagungen in Büchern? Häufig wird an dieser Stelle deutlich, wie viele Menschen zusammenarbeiten müssen, bis etwas Großes entstehen kann. Ist es nicht schön, dort nachzulesen, wer alles an der Entstehung eines Werkes beteiligt war und wie? Vielleicht lädt es dich ein, dir mehr Hilfe im Leben zu gestatten.

DANKBARKEIT LÄSST SICH LERNEN!

Die Psychologie betrachtet Dankbarkeit als Charakterzug. Sie ist aber auch eine Haltung, die wir üben können, wir können sie trainieren wie einen Muskel beim Sport. Erwiesenermaßen hilft es schon, sich abends drei Dinge bewusst zu machen, für die man am Ende eines Tages dankbar ist. Über einen längeren Zeitraum hinweg verändert sich damit unser Blickwinkel, und das Positive tritt in den Vordergrund.

SCHAU ÜBER DEN TELLERRAND

Du kannst nicht nur dir, deiner Umgebung oder anderen Menschen dankbar sein, sondern auch der Natur! Mache dir bewusst, was sie alles für dich leistet, wie gut sie dir tut, und danke ihr, indem du achtsam mit ihr umgehst.

Nicht die Glücklichen sind dankbar. Es sind die Dankbaren, die glücklich sind. (Francis Bacon)

DANKBARKEIT IST SICHTBARMACHEN

Wenn du deine Dankbarkeit formulierst, machst du die Leistung, das Wirken oder auch die Persönlichkeit eines anderen Menschen sichtbar. Du zeigst ihm oder ihr, dass du sie wahrgenommen und gewürdigt hast. Auf diese Weise bestärkst du ein gutes Gefühl.

RITUALE DER DANKBARKEIT

Dankbarkeit macht zufriedener. Vielleicht schaffst du dir ein Ritual, um mehr Dankbarkeit in dein Leben zu bringen? Eine wöchentliche Danke-Mindmap an der Wand? Oder du notierst alles, wofür du dankbar bist, auf kleine Zettel, die du in einem Glas sammelst, das du in regelmäßigen Abständen leerst? So siehst du schwarz auf weiß, wie viele gute Dinge du erlebt hast! Oder du lädst zum Dankbarkeits-Kaffee ein? Lass dich inspirieren!

DAS GLAS IST – HALB VOLL!

Wenn du deinen Fokus auf die Potenziale, die Fülle und die Dankbarkeit lenkst, wirst du rasch merken, wie sich deine Haltung dir selbst und anderen gegenüber verändert. Die Konzentration auf die Dankbarkeit zu lenken lässt uns die Welt buchstäblich mit anderen Augen sehen.

FINDE DAS GUTE

Du bist mit einer Situation konfrontiert, die auf den ersten Blick nur negative Aspekte hat? Die keinen Ausweg zu bieten scheint? Bei der du immer in einer Sackgasse endest? Versuche den winzigen Aspekt zu finden, der trotzdem gut ist. Sei dankbar für dieses Detail, und male dir ganz genau aus, was es ist, was dich dankbar sein lässt. Und prüfe mal, ob sich die Situation dann verändert.

DANKBARKEIT KOMMT UND GEHT

Dankbarkeit ist oft ein flüchtiges Gefühl, das plötzlich da ist und dann ebenso unvermittelt wieder verschwindet. Deshalb ist es so hilfreich, diesen Moment vollkommen wahrzunehmen, vielleicht die Ursache der Dankbarkeit zu ergründen und festzuhalten oder das Gefühl ganz und gar zu genießen.

DIE MACHT EINES KLUGEN GEDANKENS

Es gibt viele Zitate über Dankbarkeit und auch viele, über die es sich zu reflektieren lohnt. Ein besonders inspirierender Gedanke stammt von Francis Bacon: »Nicht die Glücklichen sind dankbar. Es sind die Dankbaren, die glücklich sind.«

DEIN KÖRPER

Ist dir klar, wie dankbar du deinem Körper sein kannst, dass er dich so verlässlich durchs Leben trägt? Leider erkennen wir meist erst bei Krankheit, wie wertvoll Gesundheit ist. Je aufmerksamer du auch den kleinen Zeichen lauschst, die dein Körper dir gibt und entsprechend reagierst, desto dankbarer wirst du zum Beispiel auch einem Kopfschmerz sein – denn der will dir vielleicht sagen, dass du gerade Ruhe brauchst.

WIE FÜHLT SICH DANKBARKEIT AN?

Wie würdest du diese Frage beantworten? Ist es ein Gefühl von Wärme oder von Ruhe? Von Leichtigkeit und tiefem Glück? Manchmal kann es hilfreich sein zu ergründen, wie sich etwas anfühlt, um es besser wahrnehmen zu können.

DANKE

ICH BIN »MIR« DANKBAR, DASS …

Nicht immer ist es leicht, sich selbst dankbar zu sein. Wir sind so darauf gepolt, uns als fehlerhaft oder unperfekt zu sehen, dass wir darüber vergessen, wofür wir uns selbst dankbar sein können: dafür, dass wir gut für uns sorgen, uns gesund ernähren und manchmal vielleicht auch nur, dass wir jeden Tag aufs Neue wieder aufstehen.

WAS »FÜTTERST« DU IN DEINEM LEBEN?

Wenn du spontan auf den heutigen Tag blickst, denkst du dann zuerst an die negativen oder an die positiven Erlebnisse? Meist sind wir präsenter in dem, was nicht so gut läuft, was stört. Das hat mit unserem Gehirn zu tun, das immer auf der Hut ist, uns vor potenziellen Gefahren zu schützen und deshalb unsere Aufmerksamkeit auf das Negative lenkt. Mit diesem Wissen schau nun auf das Positive, für das du dankbar sein kannst!

DANKBARKEITSMEDITATION

Suche dir einen Ort, an dem du ungestört bist, setze dich aufrecht und gerade, schließe die Augen und atme ein paarmal natürlich ein und aus. Dann visualisiere Situationen in deinem Leben, für die du dankbar bist. Versuche alle Details vor dein inneres Auge zu bringen.

DANKE

DU BIST JEMANDEM DANKBAR? REDE DARÜBER!

Oft empfinden wir Dankbarkeit jemandem gegenüber, behalten dieses Gefühl jedoch für uns. Wie wäre es, wenn du einen Dankbarkeitsbesuch machst? Oder einen Brief schreibst? Es ist für dich, aber auch für dein Gegenüber schön, wenn du deine Wertschätzung mitteilst.

DANKBARKEIT IST ENTWAFFNEND

Ein Streit- oder Konfliktgespräch steht an? Du bist richtig sauer und willst deinem Gegenüber das auch deutlich machen? Halte einen Moment inne, und hole die Dankbarkeit mit ins Boot – zum Beispiel darüber, dass dir der andere durch den Konflikt die Chance gegeben hat, klar zu erkennen, was du willst. Und dann beginne das Gespräch mit deinem Dank, und beobachte, ob sich etwas verändert!

DANKE

FINDE DEINE SPRACHE

Es ist nicht immer leicht, sich zu bedanken, und manchmal kommen dir deine Worte womöglich abgedroschen oder floskelhaft vor. Nimm dir einen Moment Zeit, darüber nachzudenken, was GENAU du sagen willst und wie deine authentische Dankbarkeit aussieht. Vielleicht ist es eine Umarmung, vielleicht ein Satz, der dir entspricht.

Omm
for you!

DANKBAR SEIN

LERNE DIE KLEINEN DINGE DES LEBENS ZU SCHÄTZEN

EINLEITUNG

Dankbarkeit ist in aller Munde – und zwar zu Recht! Dankbarkeit wirkt sich positiv auf unser Wohlbefinden aus, verändert den Fokus, bringt mehr Leichtigkeit in unser Leben. Das ist heute wissenschaftlich erwiesen. Mit diesen 50 Karten kannst du dich intensiv mit dem Thema auseinandersetzen. Außerdem erhältst du konkrete Anregungen und Impulsfragen, wie du mehr Dankbarkeit in dein Leben einladen kannst. Nutze die Karten gerne auch dazu, um mit anderen über Dankbarkeit ins Gespräch zu kommen. Eine Extraportion Dankbarkeit schadet nie – dir selbst und anderen gegenüber.